DISCOURS DE M. GEORGES PICOT

prononcé à Orléans, le 21 septembre 1902

Mesdames et Messieurs,

Pourquoi suis-je ici ? Pourquoi y êtes-vous rassemblés en si grand nombre ? Quel intérêt vous y attire ?

Vous le savez tous et votre émotion l'exprime aux plus aveugles. Les applaudissements qui ont accueilli les paroles éloquentes du Président des Écoles libres l'attestent : un de nos droits a été menacé, une législation que nous appliquons depuis soixante-dix ans sans conteste, et que sont venues confirmer avec éclat les lois de 1882 et de 1886, a été tout d'un coup méconnue par les représentants de l'autorité, violée sur toute l'étendue de la République par suite d'un mot d'ordre, comme si une loi — et précisément la loi sur l'enseignement primaire qu'on déclarait intangible — avait pu être abolie par le seul caprice du ministre, sans se soucier du droit des Chambres.

D'où vient la liberté d'enseignement ? Rappelons rapidement ses origines.

Échec du monopole de l'Enseignement.

Les théoriciens de la Convention avaient rêvé, à l'imitation de certains philosophes de l'antiquité, de refaire sur un certain modèle l'âme de la France ; élèves de Rousseau, ils entendaient jeter tous les esprits dans le même moule et fonder l'égalité des droits sur l'égalité des intelligences ; niant la diversité des natures, ils croyaient que l'instruction donnée par l'État seul inspirerait à la nation une seule âme, une seule pensée, un seul but.

Napoléon partagea cette prodigieuse erreur. Habitué aux miracles de l'obéissance militaire, il crut qu'il pouvait plier tous les enfants de la France à la discipline d'une seule méthode. L'histoire devait infliger à son génie le plus éclatant démenti. La génération des hommes nés de 1795 à 1800, tout entière élevée dans les lycées impériaux, au son du tambour, à l'écho des canons annonçant la victoire, aurait dû être tout imprégnée de l'esprit militaire.

Ce fut elle, au contraire, qui, portant dans les affaires publiques l'esprit d'indépendance, s'affranchissant des mots d'ordre, fière de se rattacher aux souvenirs de 1789, d'organiser pour l'honneur de l'homme un régime de franche discussion, ouvrit cette marche vers la liberté que le XIXᵉ siècle, à travers ses secousses et ses espérances, malgré ses déceptions, n'a jamais cessé de poursuivre, tant il est vrai que le génie lui-même est incapable de réaliser ses plans quand il s'avise de violenter les conditions de la nature humaine !

La génération qui aurait dû porter dans son esprit l'uniforme de l'Université impériale fut très diverse et ne s'accorda qu'en un point (celui que le créateur de l'Université n'avait certes pas inscrit dans son programme), la revendication des libertés.

La suite l'a bien prouvé.

La liberté d'enseignement issue de nos trois révolutions libérales (1830-1848-1870)

Je ne referai pas devant vous l'histoire de nos révolutions successives. Chacune a fait faire un pas à nos droits. Ne parlons ici que du droit d'enseigner.

Après la Révolution de 1830 qui en avait inséré la promesse dans la Charte, la loi de 1833 organise la liberté de l'enseignement primaire.

Après la Révolution de 1848, la République, jalouse de tenir l'engagement qu'avait ajourné le Gouvernement de juillet, organise la liberté de l'instruction secondaire.

Après la Révolution de 1870, la République complétant l'œuvre d'affranchissement de la pensée, organise la liberté de l'enseignement supérieur.

Ainsi, trois révolutions, faites au nom de la liberté

afin d'en étendre le domaine, avaient eu l'honneur — qu'elles eussent abouti à la monarchie constitutionnelle ou à la République — de s'accorder en ce point qu'après elles, tout citoyen français avait conquis le droit d'enseigner à l'enfant, à l'adolescent, au jeune homme, sans autre condition que l'aptitude et la moralité.

Il y a un an, Messieurs, il était permis de croire que sous sa triple forme la liberté d'enseignement, complément de la liberté de conscience, était à jamais entrée dans le droit commun des Français.

Enquête sur l'enseignement.

Que s'est-il passé ?

Un parti ayant la majorité, un ministre esclave de ce parti ont cru pouvoir user de la force pour frapper la liberté d'enseignement.

Une enquête sur l'Instruction publique, telle que nos Parlements n'en avaient pas vue, dirigée par M. Ribot avec une hauteur de vues et une impartialité rares, s'exprimant par une suite de rapports, a occupé les années 1899 et 1900. Parmi les enquêteurs figuraient quelques adversaires de la liberté. Fait heureux entre tous, car il a permis d'interroger tous les déposants et de constater que nul d'entre eux, entendez-le, Messieurs, parmi ces professeurs de l'Université à tous les degrés, que nul d'entre eux ne se déclarait adversaire de la liberté d'enseignement, que nul n'en demandait la restriction.

Cette enquête demeurera une date dans notre histoire, puisqu'elle apporte avec elle ce grand témoignage qu'au dernier jour du XIXe siècle, ce qui représentait l'intelligence française dans sa plus haute acception, loin de se repentir des lois qui avaient consacré la liberté, était unanime à la maintenir.

Loi d'association.

Mais la minorité de la Commission ne désarmait pas. Que lui importait l'avis des plus éminents professeurs, des hommes dont la compétence était universellement reconnue? Sournoisement, sans vouloir contester à la tribune les conclusions des admirables rapports de M. Aynard, parce qu'ils étaient irréfutables, elle préparait, dans l'ombre, sa revanche, par les procédés qui lui conviennent.

C'est sur la loi d'association qu'elle fit porter son effort. Elle fut votée. Elle se résumait en deux mots :

TITRE PREMIER

En France, l'association laïque est libre.

TITRE II

L'Association religieuse est soumise à l'arbitraire gouvernemental.

Les adversaires de la liberté avaient trouvé leur arme. Rien n'était changé à nos lois organiques sur la liberté d'enseignement, mais on allait pouvoir atteindre les religieux, les frères et les sœurs qui donnaient l'instruction primaire. On ne pouvait toucher à l'école; on allait chasser les maîtres. Les auteurs de la loi se défendaient de cette équivoque; mais elle était partout visible, entre les lignes des rapports, dans les réticences des orateurs, dans les aveux indiscrets des plus passionnés. Telle était l'idée directrice, le but de la loi d'association.

Il y avait bien quelques obstacles.

Le 18 mars 1901, le Président du Conseil défendant la loi d'association, avait dit : « Elle ne s'applique pas aux Écoles ». Cette prodigieuse déclaration mérite une citation précise : M. Waldeck Rousseau répondant à M. Denys Cochin dit : « Les dispositions projetées « (l'article 13 en vertu duquel les écoles ont été fermées) « n'ont *absolument rien* à voir avec la législation sur « l'enseignement. Jusqu'à ce que celle-ci ait été modi- « fiée, il est bien entendu qu'elle garde toute sa force et « que *la loi actuelle n'y touche même pas.* » (1).

Mot imprudent qui constituait un contrat législatif entre le gouvernement qui proposait la loi et les députés qui allaient la voter. Comment l'effacer ?

On imagina de demander un avis au Conseil d'État. Il était malaisé de trouver un rapporteur. On ren-

(1) *Journal Officiel* du 19 mars 1901, page 794.

contra enfin M. Jacquin, un Conseiller d'État qui (vous le savez) a dû depuis quitter le Conseil. Le débat fut très vif au sein de l'assemblée générale. La déclaration était formelle : l'interprétation officielle.

Celui qui l'avait donnée se prêta à la retirer. Il consentit à faire dire officiellement au Conseil qu'il s'était trompé, et qu'il rétractait ses paroles, comme si l'erreur d'une partie retirant un mot d'un contrat ne s'appelait pas à l'égard de son co-contractant des expressions les plus dures dont la langue se serve pour qualifier les actes de déloyauté.

Le Conseil d'État (à une ou deux voix de majorité, dit-on ; après la plus longue et la plus vive discussion) émit l'avis qu'une école libre appartenant à des particuliers laïques, mais ayant pour maîtres des religieux était un établissement de congrégation et qu'il ne pourrait s'en fonder *à l'avenir* sans demande d'autorisation et décret rendu en Conseil d'État.

Bien qu'un avis du Conseil d'État n'ait pas force de loi, on allait appliquer la loi en ce sens.

Le 6 février 1902, une circulaire était adressée par M. Waldeck-Rousseau aux Préfets. Elle contenait l'interprétation définitive de l'auteur de la loi.

Les écoles ouvertes par des particuliers sont des établissements de congrégation. Donc, celles qui s'ouvrent *après* la promulgation de la loi doivent demander des autorisations.

Celles *a contrario* qui ont été ouvertes *avant* la loi de 1901 n'avaient rien à demander.

Tel est le régime légal sous lequel se sont faites en France les élections générales de 1902.

Quelques mois s'écoulent. Le ministère Combes est formé. Peu lui importent les nuances et les réserves de son prédécesseur. Il lui faut un coup d'éclat.

Une circulaire adressée aux préfets déclare que les écoles anciennement ouvertes, celles qu'exceptait l'avis du Conseil d'Etat, celle qu'exceptait également la circulaire du 6 février, auraient dû demander l'autorisation, que leur abstention était un refus d'obéir à la loi, qu'elles étaient en état de rébellion.

Le ministre allait-il les sommer de se mettre en règle? Leur donner huit jours pour remplir cette formalité?

C'eut été trop simple. Il fallait frapper les imaginations, faire ce qui jamais n'avait été osé, donner à penser aux foules qu'au ministère siégeaient de véritables descendants des jacobins.

Ordre fut envoyé aux sœurs de 2700 écoles de déguerpir dans les huit jours, de se rendre au siège de leur congrégation, et là, en pleine retraite et en pleine pénitence, elles seraient libres d'adresser au gouvernement en suppliantes la demande d'autorisation qu'on aurait la bonté de tenir pour recevable.

L'un de ceux qui ont le plus vaillamment défendu la liberté d'enseignement, M. Aynard, a donné à cet

attentat son véritable nom en disant : C'est un guet-
apens légal ! (1).

La liberté individuelle violée

Arrêtons-nous ici, Messieurs.

Vous avez entendu dire que la révolution de 1789,
celle qui, avant les crimes de 1793, avait proclamé des
idées et des principes sur lesquels sont fondées nos
Constitutions libres, celle qui, après les avoir donnés à
la France, les avait fait pénétrer dans toutes les Constitutions de l'Europe occidentale, avait mis au premier
rang la liberté de conscience pour les âmes, la liberté
individuelle pour les personnes.

La liberté individuelle consiste à permettre au citoyen
de se rendre où il veut, quand il lui convient, d'y
séjourner comme bon lui semble et de fixer sa demeure
où il lui plaît. Elle n'a d'autre limite que les poursuites
criminelles intentées par les magistrats.

Avant 1789, sur un ordre contenu dans un pli scellé
du sceau royal et qui s'appelait « lettre de cachet », un
homme, une femme pouvait être exilé en un lieu déter-
miné. Un conseiller au Parlement qui avait mécontenté
la cour, recevait par un exempt de police une lettre
cachetée qui lui intimait l'ordre de se retirer soit
dans ses terres, soit dans une ville éloignée de Paris. Un

(1) Discours de l'Arbresle, 3 août 1902. (*Journal des Débats* du
6 août).

courtisan disgracié était exilé, non point hors de France, mais où il plaisait au roi.

Voilà ce que la proclamation de la liberté individuelle a entendu abolir.

Le 12 juillet 1902, M. Combes, président du Conseil des ministres, est revenu de 112 ans en arrière : il a repris les procédés de l'ancien régime, en intimant à 6000 Françaises jouissant de leurs droits civils l'ordre de quitter leur domicile pour se rendre à la Maison-Mère, siège de leur congrégation.

Et de quel droit une autorité quelconque peut-elle en dehors des cas prévus par nos Codes criminels, obliger un citoyen à quitter son domicile ?

Oserait-on dire qu'il s'agit seulement de femmes ? Oublierait-on qu'elles sont par cela même plus sacrées ? Au point de vue de la loi civile, elles ont les mêmes droits que les hommes : leur domicile est aussi inviolable ; leur personne est entourée des mêmes garanties. Il y a, je le sais, certaines catégories de femmes qui sont soumises à une surveillance spéciale de la police ; l'autorité peut leur fixer un domicile. Ce n'est pas, j'imagine, ce droit exceptionnel qu'invoquent ici les préfets pour excuser les actes illégaux sur lesquels j'appelle vos protestations.

Supposez qu'il ne s'agisse pas de Sœurs, mais de religieux, de Frères de la Doctrine Chrétienne. Ils ont leur domicile légal dans la commune où ils enseignent ; ils sont inscrits sur les listes électorales. Vienne une élection, le Préfet pourrait leur enjoindre, à eux, électeurs, de quitter dans les huit jours la commune pour aller habiter à cinquante lieues de leur domicile légal !

L'exemple est plus sensible ; le droit est le même.

La liberté individuelle a donc été outrageusement violée par les injonctions préfectorales.

Décrets d'expulsion

Mais nous ne sommes, Messieurs, qu'au commencement de ce lamentable récit.

Le 20 juillet, 2700 écoles étaient menacées de fermeture. 6000 sœurs avaient reçu l'ordre de quitter leur domicile légal. 130.000 enfants allaient être chassés de l'école.

Vous savez le reste : la plupart des religieuses terrifiées obéissaient aux ordres illégaux partis des préfectures.

Que parle-t-on de complots et de rébellion ? Toutes les congrégations ont donné l'exemple d'une soumission qu'aucun jurisconsulte n'aurait conseillée. L'ordre était illégal ; la circulaire n'avait aucune force exécutoire. On aurait pu attendre.

Quelques propriétaires d'écoles, plus instruits de leurs droits, se sentant chez eux, blessés dans leur indépendance comme dans leurs intérêts, ayant pris à leur service des sœurs dont la congrégation était reconnue et investie du droit d'enseigner, des sœurs ayant fait la déclaration prescrite par la loi de 1886, sachant que la circulaire était dénuée de sanction, retinrent les sœurs et se décidèrent à attendre l'exécution légale. C'était le seul moyen de former un pourvoi régulier.

Le ministère, impuissant à faire exécuter la circulaire, recourut aux décrets. Vous avez lu dans les journaux les récits de l'exécution.

Je ne fais pas allusion aux écoles de Bretagne, à ces populations soulevées, à ces maisons transformées en forteresses, aux émotions des foules que les sénateurs et les députés, partageant leur indignation, s'efforçaient néanmoins de calmer, afin d'éviter qu'entre leur colère et les ordres des gendarmes et de la troupe agissant la mort dans l'âme, ne se produisît un choc qui aurait laissé des traces irréparables.

Non, ce n'est pas sur les routes du Finistère que je veux vous mener, c'est à Paris, dans le centre de la ville, devant cette école de la rue Saint-Roch datant de quatre-vingt-huit années, le jour où les Sœurs, vénérées de plusieurs générations, quittaient leur demeure. La foule les entourait et les gardait à la fois ; elle marchait respectueusement autour d'elles. Dans l'avenue de l'Opéra, sur les boulevards, voitures et piétons étaient arrêtés ; de toutes les fenêtres, des impériales d'omnibus, des trottoirs, les mains s'agitaient, les chapeaux se soulevaient, des cris d'adieux et d'espérances se croisaient. La gare Saint-Lazare avait été envahie par ceux qui voulaient apporter jusqu'au dernier moment leurs hommages. Pas un cri dissident ! pas un cri séditieux ! De tous côtés, « Vivent les Sœurs ! »

Aucune démonstration préparée n'a valu et ne vaudra jamais cette manifestation improvisée au cœur de Paris.

Je me trompe, Messieurs. Il y en a eu d'aussi touchantes, aux portes de la petite école de village d'où sortent deux sœurs accompagnées par les enfants, escortées par les mères en larmes jusqu'à la station voisine.

Changez le cadre, agrandissez-le jusqu'aux dimensions de la capitale, restreignez-le aux proportions d'un sentier rural conduisant au chemin de fer, le tableau est le même, le déchirement semblable, l'inconséquence de ceux qui provoquent ces destructions aussi coupable.

Je pourrais vous parler ici de la longue histoire des ordres enseignants, vous raconter ce qu'a été leur origine qui se rattache directement à la parole de celui qui a dit à de pauvres pêcheurs de Galilée : Allez et enseignez les nations ! Je pourrais vous montrer la littérature de l'antiquité, c'est-à-dire, le trésor de la pensée humaine sauvé par les moines, faire passer devant vos yeux l'action lente et humble de ces communautés enseignantes auxquelles les plus grands hommes de notre vieille France ont dû leur instruction, Corneille et Racine, Descartes et Bossuet,

Condé et Villars, aussi bien que l'enfant du peuple s'élevant par une lente ascension vers les lumières qui faisaient de la masse des Français la nation la plus éclairée à la fin du xviiiᵉ siècle, je pourrais vous émouvoir en saluant les noms de Saint-Bernard, de Saint-Vincent-de-Paul, de Saint-Jean-Baptiste de la Salle. Vous dire tout cela; je ne le ferai pas car pour les hommes qui veulent défendre et sauver ce qu'ils aiment, il y a quelque chose dans les crises de la politique, au milieu des luttes présentes, de plus respectable que les souvenirs du passé, que les émotions, que les hommages rendus en commun au génie et à la gloire, c'est le droit.

Jamais le besoin de recourir au droit ne s'est plus impérieusement imposé.

Coup sur coup, le gouvernement a méconnu la loi de 1886 sur l'instruction primaire, appliqué à contre temps et à contre-sens la loi de 1901 sur l'association; il a violé la liberté individuelle, blessé le droit des familles et jeté sur toute l'étendue du territoire le trouble dans les consciences.

Ligue de la Liberté d'Enseignement

C'en était assez pour provoquer en ce pays un de ces mouvements d'opinion qui rassemblent les hommes ordinairement les plus divisés et les groupent en une action commune.

De ce mouvement est née la Ligue de la Liberté d'Enseignement.

Elle fait appel à tous ceux qui tiennent pour inattaquable le droit d'enseigner, aux libre-penseurs comme aux israélites, aux protestants comme aux catholiques. Elle entend agir par la parole, par la presse, en soutenant des recours devant la justice, en demandant des consultations aux jurisconsultes, en suscitant des pétitions, par tous les moyens que les lois d'un pays libre offrent aux citoyens qui veulent, sans forfanterie ni jactance, défendre leur droit et le faire triompher.

Les fondateurs sont résolus à user des mœurs de la liberté et à les mettre au service de convictions profondes. Ils ne pensent pas qu'en politique tout soit contingent, que les idées varient suivant les lieux et les temps; ils sont attachés à des principes.

Messieurs, on a dit beaucoup de mal des principes. Au fond, c'est une grande gêne pour ceux qui n'en ont pas. Les sceptiques veulent faire croire que ceux qui demeurent fidèles à des règles sont des arriérés méditant de ramener la France vers l'ancien régime.

Celui qui vous parle a toujours souhaité la République. Il l'a servie sans arrière-pensée dès le premier jour. Il y a près d'un tiers de siècle qu'il lui est fidèle, la défendant à travers ses épreuves, repoussant les assauts que des coalitions successives ont dirigés contre elle, n'ayant cessé de penser et de dire que les radicaux et les socialistes sont de tous ses adversaires les plus perfides et les plus dangereux, parce que leur seule armé est la haîne, qu'ils s'efforcent de l'inspirer au peuple et qu'ils s'en prennent ainsi à l'âme même de la nation.

Ceux qui avec nous, Messieurs, veulent la République, ne sont des esprits ni arriérés, ni immobiles : ils la veulent généreuse, libérale, compatible avec tous les progrès.

Il faudrait, en vérité, avoir une bien étrange notion des siècles passés pour nier que l'histoire d'une grande et fière nation comme la France se compose de progrès incessants ; elle est une marche en avant des idées, des hommes, des lois.

Jetez un coup d'œil sur tout ce qui vous entoure. Même au milieu de la crise la plus douloureuse, ne soyons ni des pessimistes, ni des decouragés. Laissons aux impuissants les blasphèmes contre notre temps.

Retournez en arrière. Pensez à ce qu'étaient nos pères, il y a un siècle. Les diligences les plus rapides mettaient douze heures à se rendre à Paris, le coche mettait quinze heures. Et comme il est dans la nature de l'homme de se plaindre, vous vous plaignez de la lenteur des trains quand ils mettent plus d'une heure et demie, et de la paresse du téléphone.

Il y a cent ans, les disettes étaient l'effroi des villes, le souci constant des préfets, la cause d'une mortalité périodique énorme ; il n'y a plus de famine.

Voyez l'agriculture : comparez ce que jadis vos belles terres de Beauce produisaient de blé, ce que donnaient deux arpents, et ce qu'aujourd'hui, sous l'influence du travail mieux entendu, plus éclairé par la science, vous récoltez d'hectolitres à l'hectare.

Et pour ne pas sortir de notre sujet, voyez le droit d'association, supprimé, il y a cent ans, par la Révolution, interdit par l'Empire, méconnu et pris en défiance par la plupart des gouvernements de ce siècle, renaissant peu à peu avec les sociétés commerciales et les sociétés de secours mutuels, défendu par tous les libéraux, à demi affranchi en 1867 et en 1884, donnant naissance à ces milliers de syndicats agricoles dont vous éprouvez les bienfaits et enfin obtenant son affranchissement en matière sociale et politique par cette loi du 1er juillet 1901, loi de liberté pour les associations laïques, loi de servitude pour les associations religieuses.

Ne craignez rien, Messieurs. Les succès partiels d'hier sont le gage des triomphes complets de demain. Dans la marche de la civilisation, ce qui est contraire à l'idée de liberté n'a qu'un temps.

Sous une démocratie, l'association libre, sans autre restriction que l'ordre public, l'association permettant de penser, de parler, de prier en commun, de vivre de la vie laïque ou religieuse, l'association multipliant, en un mot, les forces individuelles dans le sens naturel de leur développement, est l'air qu'on respire. Le législateur arriéré de 1901 dit aux associés : « Vous aurez toute liberté, en toute matière, vous serez libre d'habiter en commun, de confondre vos patrimoines, de vivre soumis à un chef, vous pourrez poursuivre dans cette existence commune un but commercial, industriel, artistique, philosophique, mais si dans votre maison on entend une prière, si le lien qui vous unit est un lien religieux, vos actes deviennent, par là-même, suspects; ce qui vous est permis tant que l'idée de Dieu était absente est tenu pour séditieux dès qu'elle inspire vos actes. »

Est-il croyable qu'un tel système ait pu prendre place dans une loi? et ne faut-il pas voir dans ce monument législatif comme le dernier reste des préjugés de plusieurs générations ayant uni leurs rancunes archaïques pour empêcher l'affranchissement de l'association? Il me semble entendre les représentants de tous ceux qui, aux différentes étapes du dernier siècle, disaient : « La liberté de l'association commerciale ne profitera qu'à la mauvaise foi : gardez-vous de l'accorder ! » — « La liberté de l'association politique ne profitera qu'aux révolutionnaires : gardez-vous de l'accorder ! ». Successivement battus, n'ayant plus conservé qu'un domaine, les entendez-vous s'écrier : « La liberté des congrégations ne profitera qu'à l'intrigue; la République en mourra ! »

Nous avons d'autres ambitions et une autre confiance en l'avenir de la République ! La liberté qui n'a cessé de se développer, montera, montera toujours plus haut et atteindra ceux qui prient; la liberté religieuse n'est qu'une forme, et la plus élevée qui existe, de la liberté de conscience.

Oui, Messieurs, le passé est garant des promesses de l'avenir. La France, malgré la crise que nous traversons, marche vers la liberté ; quoi qu'en disent les radicaux et les jacobins, elle conquerra la liberté religieuse, la liberté des cultes, comme elle a conquis les autres. Elle n'a pas de raisons d'être moins libre que la Belgique, moins libre que l'Angleterre, que le Canada ou la grande république des États-Unis, les quatre pays les plus libres du monde, où nul n'oserait proposer les mesures d'arbitraire contre lesquelles nous protestons.

Mais le rôle de la France dans le monde a été une perpétuelle initiation. Et il y a une coupable imprudence à laisser d'autres nations usurper ce rôle ! Le jour où notre pays, au lieu de marcher vers le progrès, recule ; le jour où, appliquant une loi suivant les vieux procédés de l'arbitraire, où, au lieu de recourir au droit, aux tribunaux, à la loi impartialement interprétée, le pouvoir fait crocheter les portes sans arrêt de justice, chasse les sœurs en invoquant un texte qui ne s'applique pas, quelle joie indécente chez nos rivaux ! Pour qui aime son pays, je ne connais pas d'humiliation comparable.

J'ai rencontré récemment des Alsaciens-Lorrains. Il n'y a pas, vous le savez, de contrées, il n'y a pas de cœurs dans le monde, où ce qui se passe en France trouve plus d'écho. Nos chagrins y deviennent des douleurs ; nos émotions, des angoisses. Que dire de ce mot que j'ai entendu de la bouche d'un Français de là-bas :

« Le ministère de M. Combes a plus fait pour germaniser l'Alsace-Lorraine que les Allemands en vingt ans. »

C'est plus qu'un crime, c'est une faute, disait un célèbre homme d'Etat. Le ministère actuel fait plus que de déshonorer la France, il la compromet.

C'est donc une œuvre patriotique que poursuit la Ligue de la Liberté d'enseignement. Elle marche dans le sens du progrès, elle prépare ce qui sera l'avenir, non de la France asservie par les Jacobins, mais de la France émancipée et maîtresse d'elle-même.

L'unité morale est chimérique.

Ah ! je le sais bien, nos adversaires nous disent : « Nous aussi nous voulons l'émancipation ; nous voulons l'unité morale de la France par l'enseignement laïque. »

L'unité morale, c'est un très beau mot, c'est une pensée oratoire qui frappe l'esprit. Mais l'idée qu'elle exprime n'est pas de ce monde. L'humanité, c'est sa condition et, je n'hésite pas à le dire, sa force, est vouée à la diversité. Si, en tout, les hommes pensaient de même, tout mouvement serait suspendu ; ils seraient figés en une perpétuelle immobilité. Est-ce une théorie sans exemple ? Voyez les populations de l'Asie : ce n'est ni le nombre, ni l'intelligence qui leur manque ; coulé dans le même moule, l'homme n'agit pas, et malgré une civilisation très avancée, il vieillit dans une éternelle enfance. Sans diversité, point d'émulation, point d'initiative, point d'action individuelle, c'est-à-dire rien de ce qui fait la liberté.

Qui veut établir l'unité morale est conduit à violenter la nature des choses : un despote comme Louis XIV invoque l'unité morale pour révoquer l'Edit de Nantes, pour forcer les protestants à se convertir ; une assemblée despotique, comme la Convention, invoque l'unité morale pour établir la Terreur, suspendre les lois, faire monter des milliers de victimes sur l'échafaud révolutionnaire.

Aujourd'hui, on ferme des milliers d'écoles, on menace directement le droit d'enseigner au nom de l'unité morale.

Ceux qui agissent ainsi, ont-ils donc la prétention d'être infaillibles et perpétuels ?

L'unité suppose l'infaillibilité chez celui qui l'impose. Si vous n'êtes pas la vérité absolue, de quel droit m'imposerez-vous vos doctrines ? Et si je tiens mes convictions pour supérieures aux vôtres, de quel droit m'empêcherez-vous de les enseigner ?

Toutes les libertés sont solidaires.

La liberté de la pensée n'est pas la liberté donnée à l'esprit de concevoir, le droit donné à toute intelligence de réfléchir — devant ce droit, expire le pouvoir des hommes — c'est la liberté d'émettre sa pensée, de parler, d'écrire, de publier, de communiquer ses réflexions à ceux qui n'ont pas réfléchi, sa science à ceux qui ne savent pas.

Le droit d'enseigner est donc la suite nécessaire et l'essence de la liberté de penser.

Supprimez la liberté d'enseigner et vous êtes conduit à toutes les servitudes. Le monopole de l'enseignement ne peut exister que sous le despotisme. Il ne peut vivre sans lui; il y mène fatalement.

Il n'existe pas de loi plus universellement condamnée que la censure, en vertu de laquelle nul article de journal, nul écrit, brochure ou livre ne pouvait paraître qu'après le visa d'un fonctionnaire du ministère de l'Intérieur.

Le monopole de l'enseignement n'est autre chose que la censure en matière d'instruction publique. Nul ne parlera, nul n'écrira, aucun livre ne sera remis aux élèves, avant que l'État l'ait expressément autorisé.

Si vous êtes dans un pays libre, que ferez-vous du droit de réunion? Frapperez-vous un orateur qui réunira à jours fixes des auditeurs? Où trouverez-vous la distinction entre la conférence et la leçon?

Aux États-Unis, on a inauguré des cours par correspondances, des cours par publications périodiques. Frapperez-vous la liberté de la presse, après avoir limité la liberté de réunion?

« Mais ne voyez-vous pas, disent les hommes de

parti, que nous serons dupes de notre faiblesse? La liberté profite à tel parti, à telle faction. Vite! Hâtons-nous de fermer l'école, de déclarer telle catégorie de citoyens incapables d'enseigner ».

Les radicaux et les socialistes n'hésitent pas : la liberté d'enseigner pouvant profiter à leurs adversaires, la liberté doit être supprimée.

L'aveu dépasse en franchise tout ce que nous aurions osé espérer. C'est bien la doctrine pure du despotisme.

Faire taire tous ceux qui déplaisent.

Pour nous, libéraux, nous tenons à honneur de lutter partout et toujours contre ces doctrines de violence, contre ces abus de la force; nous tenons à honneur de montrer que nous avons autant de soucis des droits de nos adversaires que des nôtres. Nous ne voulons de privilèges pour personne. La liberté pour nous n'est pas l'apanage des vainqueurs et leur récompense. Elle est la protection des persécutés. C'est pourquoi nous l'aimons; c'est pourquoi nous lui sommes fidèles. Nous la voyons sous la forme d'un effort spontané et général de toutes les énergies d'une nation luttant, dans la concurrence universelle pour le progrès des lumières, le développement des forces dans l'ordre moral et matériel. Nous voulons l'émulation sans la jalousie, la lutte loyale des idées sans la haine des personnes. Nous condamnons les proscriptions d'où qu'elles viennent.

Et ce qui est plus grave, dans cette société, où le parti victorieux réduirait ses rivaux au silence, qui déciderait de la valeur des doctrines? Le ministre de l'Instruction publique, c'est-à-dire le député qui est, pour quelques mois, le titulaire de ce portefeuille.

Je m'adresse aux radicaux qui soutiennent cette thèse et je leur dis : Quelles sont donc vos garanties de durée? Vingt-cinq ministres se sont succédé rue de Grenelle. La majorité a changé depuis la fondation de la République. Elle changera encore, et je suis de ceux qui comptent qu'elle se transformera sans ébranler la République. Vous êtes singulièrement imprudents! Supposez que le monopole fût établi grâce à vous, et qu'avec des grammaires officielles, des doctrines d'État, une philosophie d'État, il se fît un effort de toutes les branches de l'enseignement pour établir l'unité morale, telle que vous l'entendez, puis que la majorité vînt à se déplacer, portant, comme en tous les pays libres, par une oscillation normale, l'axe du pouvoir de gauche à droite, qu'opposeriez-vous au ministre de l'Instruction publique vous appliquant, au détriment de vos doctrines, parce que vous seriez vaincus, la détestable méthode que vous défendez dans l'enivrement de votre victoire d'hier?

Il convient, Messieurs, de tirer de tout ceci la leçon la plus haute. Dans un pays gouverné par l'opinion publique, il ne faut priver de la parole, et j'entends par là du droit d'écrire, de publier et d'enseigner, aucune catégorie de citoyens. Le châtiment de l'ostracisme est de se retourner tôt ou tard contre les vainqueurs.

Origine et limites du droit d'enseigner.

Non, le droit d'enseigner repose sur des bases plus profondes et plus solides que le rêve d'une uniformité chimérique conçue par une majorité électorale.

Il repose, comme tout ce qu'il y a de permanent dans la société humaine, non sur l'individu qui varie, sur l'État qui absorbe, mais sur la seule réalité stable et vivante, sur ce qui fait la véritable unité, sur ce qui assure la durée, sur la famille.

C'est sur le père, c'est sur la mère que résident le droit et le devoir d'enseigner. C'est eux seuls qui peuvent le déléguer à qui il leur convient, dans l'ordre de leurs convictions; ils ont le droit de choisir, parce que l'enfant leur appartient et non à la cité comme dans les républiques antiques. L'éducation de l'enfant, c'est leur domaine propre;

Ne croyez pas, Messieurs, que cette liberté échappe à la loi commune. Comme toutes les autres, elle a des limites.

Si le père veut maintenir l'enfant dans l'ignorance, l'État intervient et l'oblige à s'acquitter de son devoir, soit en usant lui-même de son droit d'enseigner, soit en le déléguant à un mandataire de son choix, soit en le confiant aux instituteurs publics.

L'État s'assure que l'enseignement est donné ; il n'a pas le droit de censure sur les méthodes ; mais l'inspection des écoles privées est un droit que nous n'hésitons pas à lui reconnaître, que les libéraux ont toujours admis : l'État accomplit sa mission en vérifiant si le local de l'école est salubre, si le maître présente les conditions de moralité et de capacité.

Voilà, Messieurs, le partage légitime des attributions. Voilà ce qui ne peut être enlevé à la liberté, ce qui est du domaine de l'État.

Qui a le droit d'ouvrir une école?

A qui appartient le droit d'enseigner?

Ne franchissons pas les bornes de l'instruction primaire. Le droit d'ouvrir une école appartient à tout Français, de bonne vie et mœurs, pourvu d'un brevet supérieur, quelle que soit sa profession, quel que soit le culte auquel il se rattache, quel que soit le parti qu'il ait embrassé. C'est bien le principe d'égalité tel que l'entend la Déclaration des Droits. La loi est générale; elle s'applique à tous, elle n'exclue personne, sous le prétexte qu'il professe une opinion même religieuse.

A qui fera-t-on croire que nous revendiquons pour la congrégation le droit d'enseigner? Qui en parle? qui le réclame? sous quelle forme? Où sont les discours, les pétitions qui le demandent? Vis-à-vis de la loi, il n'y a pas de congréganiste : il y a un instituteur agissant isolément, faisant régulièrement la déclaration d'ouverture d'école et n'invoquant aucun privilège corporatif. Les lois sur l'enseignement primaire sont précises : elles ont établi des règles contre lesquelles nul ne proteste. Imaginer des sophismes pour les réfuter aisément est une méthode indigne d'une discussion sérieuse.

La vérité, et nous l'avouons, c'est que nous réclamons pour le congréganiste, citoyen français, l'égalité des droits. Nous soutenons qu'il n'est pas déchu, par le fait de ses vœux.

Et celui qui vous parle a quelque fierté à rappeler que lui et les siens, son père comme ses fils, ont tous été élevés dans les lycées de l'Université, qu'il est demeuré profondément attaché aux professeurs et aux méthodes auxquels il doit toute l'instruction de sa jeunesse, qu'il ne sera vis-à-vis d'eux ni injuste, ni ingrat et qu'il croit encore leur rendre service et hommage en proclamant bien haut qu'il demeure fidèle aux principes d'égalité et de justice.

Que les radicaux n'essayent donc pas de recourir à des faux-fuyants et à des équivoques ; qu'ils avouent loyalement qu'ils veulent refuser le droit d'enseigner aux ecclésiastiques, soit réguliers, soit séculiers.

La thèse ici s'élargit. Il ne s'agit plus de textes, de combinaisons de lois, d'arguties juridiques. Arrière la casuistique de discuteurs à courte vue. La pensée est claire et hardie : « Nous jugeons mauvaises les idées professées par les prêtres ; leurs vœux de chasteté, d'humilité, sont trop contraires aux besoins des sociétés modernes; leur enseignement serait d'un autre âge. Il faut l'interdire, et comme il ne s'agit pas de s'arrêter en chemin, il faut dénoncer le Concordat. »

Messieurs, ne nous faisons pas d'illusions, les hommes qui tiennent ce langage ont, au fond du cœur, la volonté d'exclure du monde moderne l'idée religieuse. La lutte contre la liberté d'enseignement est le début et comme l'escarmouche qui précède la vraie bataille. Quand ils auront fermé aux prêtres les chaires de l'enseignement, pourquoi s'arrêteraient-ils, pourquoi ne demanderaient-ils pas, à l'aide des mêmes arguments, au nom de l'intérêt public, de la morale sociale, de l'unité morale, la fermeture d'un enseignement bien autre que les milliers d'écoles contestées, celle des 36.000 chaires où chaque dimanche est annoncée au monde la morale de l'Evangile? Voilà ce qu'ils visent, et s'ils sont sincères, ils n'oseront pas nier le but secret de leurs conceptions politiques.

Quand cet enseignement serait supprimé quand ces chaires d'où descend la doctrine morale la plus pure, seraient muettes, on demeurerait effrayé du vide laissé par cette religion dont M. Thiers a dit admirablement qu'elle était la seule qui eût donné une explication à la mort et un sens à la douleur.

Et parmi les radicaux aujourd'hui si âpres à l'attaque, il se rencontrera de nouveau quelque penseur, assagi par l'expérience, qui fera entendre, à l'exemple de M. Challemel-Lacour, un de ces avertissements qui demeurent le couronnement de toute une vie. « Nous avons oublié, disait-il, en énumérant les fautes commises par son parti et qui avaient amené l'explosion du boulangisme, nous avons oublié que, même après le triomphe de la République, il y avait encore en France des populations immenses attachées à leurs habitudes, attachées à leurs traditions, avec des croyances peut-être attiédies et assoupies sur certains points et dans quelques régions, mais sujettes à des réveils surprenants, vivaces encore presque partout et qui tiennent dans la vie intime plus de place que la politique n'en tiendra jamais. » (1).

Programme des libéraux.

La Ligue doit vous exposer franchement son but son programme, ses moyens d'action.

Elle veut amener la réouverture des écoles en groupant les adhésions, en provoquant un grand mouvement de l'opinion publique.

La liberté d'association nous permet, pour la première fois, de nous unir dans toutes les villes de France — de créer des comités locaux — de correspondre — de tenir des réunions au nom de la Ligue — Nous voulons être prêts à donner des conseils à tous ceux qui en demandent, à réunir les bonnes volontés éparses, à aider nos adhérents à intenter des procès.

(1) Discours au Sénat le 19 décembre 1888, *Œuvres,* p. 373.

En voyant les sympathies qui s'éveillent, nous sentons croître nos espérances.

Les événements qui se déroulent autour de nous jettent la lumière sur l'état de nos lois ; les libéraux ont une grande œuvre à accomplir, ils ont à réformer des mœurs politiques détestables, à lutter contre les Jacobins, héritiers du Césarisme, qui croient que l'autorité consiste à frapper les imaginations par des coups de théâtre, à gouverner avec des commissaires de police, avec des serruriers, des crocheteurs et des scellés administratifs.

A ces théoriciens de la force qui vienennt de nous montrer le plus odieux spectacle, nous opposerons le régime des pays libres, des lois bien faites qui prévoient la constatation des contraventions, leur jugement après des débats contradictoires, sous la réserve de recours réguliers, l'idée de responsabililé pénétrant partout et dominant enfin les actes des réprésentants de l'Etat, la loi respectée dans son texte, interprétée dans son esprit, appliquée en toute loyauté par l'autorité judiciaire, le fonctionnaire qui donne un ordre contesté n'étant jamais juge en sa propre cause.

Contre l'arbitraire quel qu'il soit, nous poursuivrons, sans nous lasser, une campagne de réformes, nous protesterons contre des décisions administratives qui portent atteinte aux droits des citoyens ; nous réclamerons l'abrogation de l'article 10 du Code d'Instruction criminelle qui confère aux préfets un pouvoir d'arrestation faisant de la liberté individuelle en France un vain mot. Nous nous élèverons contre les pouvoirs vagues et dès lors illimités d'une haute police qui, à la faveur des déclarations d'incompétence, ne tend à rien moins qu'à investir les ministres et les préfets du droit de tout faire en face de tribunaux contraints à tout subir.

Nous montrerons enfin que la liberté d'enseignement, aussi bien que toutes les libertés dont elle est solidaire, la liberté individuelle, la liberté de la presse, la liberté de réunion et d'association, la liberté des cultes et de la conscience, ne seront définitivement établies en France que le jour où elles seront expressément inscrites dans la Constitution et garanties par le recours ouvert à tous les citoyens devant un tribunal suprême.

Tout cela est possible, si nous avons le sentiment de nos droits. L'association doit centupler nos forces. La violence brutale de l'attaque a fait sortir les plus engourdis de leur torpeur. Elle a fait taire des querelles qui menaçaient de nous diviser; elle rendra impossibles les guerres religieuses qu'essayaient de provoquer, au profit de la plus basse politique, les fauteurs de haines; elle habituera notre pays à ces campagnes en commun qui préviennent entre dissidents les malentendus et rassemblent sous un même drapeau tous ceux qui, dans des confessions diverses, ont une égale foi en Dieu et un mutuel respect des convictions religieuses.

Elle aménera, soyez-en sûrs, le retour tôt ou tard dans leurs écoles de ces femmes admirables qui consacrent leur vie, aux enfants du peuple, aux pauvres, aux malades, à la charité sous toutes ses formes. Si vous êtes résolus, si votre volonté est ferme, vous pouvez sans présomption, être assurés de l'avenir.

L'heure est solennelle.

Nous tentons, Messieurs, une épreuve sans précédents. La crise que nous traversons peut être salutaire ou fatale à la France. Le succès dépend de notre énergie. Autour de nous se produit une des plus grandes émotions qui aient agité notre pays : on se plaît à dire qu'elles sont aussi vives que courtes. Notre histoire est là pour démentir ces calomnies : elle atteste quelle a été la suite des desseins conçus et poursuivis par nos pères, quelle a été leur vaillance, quels ont été leurs succès.

Il faut, cette fois, que l'effort se prolonge et que nous montrions aux générations qui se lèvent comment l'élan de notre race peut devenir, quand les âmes sont atteintes, une ténacité qui assure à jamais la victoire et donne à la République le couronnement qui seul la rendra indestructible : la paix des consciences dans la liberté !

A la suite de ce discours, M. Séjourné, avocat à Orléans, a remercié l'orateur et clos la séance par un éloquent appel :

« L'ordre du jour suivant a été voté à l'unanimité.

« Des pères et mères de famille d'Orléans et du Loiret, réunis au nombre de 5.000, renouvellent leurs protestations contre l'expulsion des Sœurs, affirment leur volonté de conserver dans sa plénitude la liberté de faire élever leurs enfants selon leur conscience ; se déclarent décidés à lutter jusqu'au bout pour la défense de tous leurs droits de citoyens, et demandent à tous les mandataires du suffrage universel de s'inspirer dans l'exercice de leur mandat de ces principes qui sont ceux de la République libérale. »

Un Comité local de la Ligue de la Liberté d'Enseignement a été fondé à Orléans.

IMPRIMERIE DE VAUGIRARD

152, rue de Vaugirard

PARIS

9 782013 488235